coleção
PINGOS DE TINTA

A invasão dos sons espaciais

Vincenzo Scarpellini
e Mônica Rodrigues da Costa

Ilustrações: Vincenzo Scarpellini

editora HARBRA

A coisa é um tanto complicada; mas sem explicar eu entendo melhor do que explicando demais. Vamos adiante.

Emília em *Emília no País da Gramática* de MONTEIRO LOBATO

Agradecimentos:
à *Folha de S. Paulo*, pela força;
aos amigos que deram sugestões.

A invasão dos sons espaciais

Direção Geral: .... Julio E. Emöd
Supervisão Editorial: .... Maria Pia Castiglia
Editora Assistente: .... Sílvia Ricardo
Projeto Gráfico e Ilustrações: .... Vincenzo Scarpellini
Foto do Autor: .... Eduardo Pozzella
Foto da Autora: .... Paulo Giandalia
Fotolitos: .... STAP Studio Gráfico
Impressão e Acabamento: .... Gráfica Policolor

Rua Joaquim Tavora, 629
04015-001 São Paulo – SP
Promoção e Editorial: tels. (011)5084-2482 e 571-1122 – Fax: (011) 575-6876
Vendas: tels. (011)5084-2403, 571-0276 e 549-2244 – Fax: (011) 571-9777

ISBN (coleção) 85-294-0116-6
ISBN 85-294-0121-2

Impresso no Brasil *Printed in Brazil*

PRÓLOGO

[*Prólogo é uma história que vem antes da história*]

Para onde vão as palavras quando não são pronunciadas?
Escondem-se no planeta Dicionário,
onde passam o tempo com os seus significados.

Mas, antes de existir o planeta Dicionário,
as palavras viviam soltas pelo ar,
as letras eram livres no som das vozes
das conversas perto da fogueira.

Depois nasceu a escrita, e as palavras em todas as línguas
ganharam mais um lugar: passaram a viver nos dicionários.

Então seres espaciais apareceram...

Ao descer da imensidão,
estavam mortos de cansaço.

O Universo todo era misterioso.

Será que poderiam respirar?
– Melhor, com certeza,
pôr o capacete na cabeça!

As palavras por enquanto
não se preocupavam tanto.

E agora?
O que iria
acontecer?

Desde o princípio,
os seres espaciais
confundiam
os significados das palavras.

Ninguém sabia, por exemplo, quando escrever

sábia

ou

sabiá!

ACENTO AGUDO

o cientista

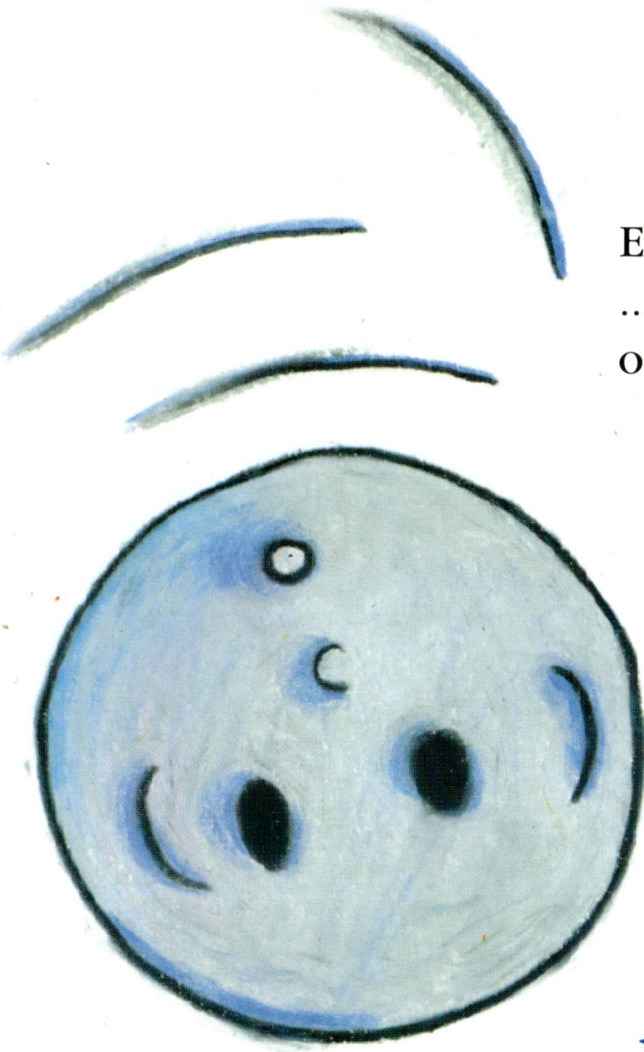

Ele foi logo pesquisar algumas letras ...
... e até hoje decifra
os sons abertos do planeta.

O acento agudo faz
experiências sonoras
com as vogais – **a, e, i, o, u.**

Sempre que pode,
ele junta-se a elas,
como em cipó, cajá, café, céu.

O "i" perde o pingo
com o acento agudo...
doido vira doído.

ACENTO CIRCUNFLEXO
o robô multiplicador

Ele percebeu que tinha o poder de cercar certas letras, como um chapéu. Com sua máquina multiplicadora, transformava um e outro em plural:

um tem, outros têm;
um mantém, outros mantêm;
um vem, alguns vêm.

Além disso, em cima de certas letras,
ele deixava os sons fechados
mesmo quando anasalados:
lâmpada, lâmina, begônia.

Até depois do anoitecer,
o acento circunflexo
e o acento agudo gostavam
de fazer a brincadeira
da cadeira.
Eles trocavam
de lugar
e modificavam
o sentido das
palavras:

VOVÔ virava VOVÓ.

TREMA
os vaga-lumes estelares

Eis que chegou a dupla de vaga-lumes,
para espiar a brincadeira e em busca de um lugar.
A aterrissagem foi tranqüila.

Freqüentemente, o trema ajuda a letra "u"
a ser ouvida na imensidão.

ACENTO GRAVE

o exterminador do espaço

Ele também ficou conhecido como crase.
Ele derretia um "a" e deixava sua marca –
uma seta apontando para o Oeste, **à esquerda.**

Mas atenção! Sua máquina ainda funciona só com a letra "a".

TIL
minhoca insinuante

O til apareceu sinuoso,
parando em cima de certas letras
que encontrava flutuando.
Ele atravessava o amanhã,
espreguiçando-se sobre a letra "a"...
hããã... hã... hã...
Como um balão,
o til sobrevoou vogais,
e as letras ganharam
sons nasais.

CEDILHA
a centopéia mecânica

Com sua mão metálica
procurava um espaço
para grudar

e fez forca
virar força.

Com um certo desconforto,
esse "c" agora aprende
como o som muda de gosto
com aquilo que lhe pende.

Na sua nova forma,
carregando o seu pingente,
o seu som ficou macio,
sibilante, como serpente.

ro é esse?

Qual é o monstro
com ímãs nas pontas
e forte poder
de atração?

Ele fazia a ponte
entre palavras
que nem se conheciam

e formava arco-íris
e viajava ultra-rápido,
como os super-heróis.

APÓSTROFO
o engolidor de letras

Como sentia fome,
o apóstrofo adorava engolir
certas letrinhas,
especialmente na poesia.

Como sentia sede,
gostava de beber a gota d'água
do orvalho nas folhas.

Depois do primeiro impacto, os seres espaciais
ficaram amigos das palavras.
Auxiliam-nas até hoje a buscar sua pronúncia exata.

Eles interagem, como as pessoas,
que misturam a cor da pele,
o sotaque, a cor dos olhos...
índio, branco, preto
português,
alemão, italiano, japonês...

Há vida na escrita. Só que, a olho nu, ao ler os livros,
ninguém consegue ver os personagens
dessa história. Mas
a gente agora
sabe!

★

F I M

APÊNDICE

[*Apêndice é um texto que vem depois do fim.*]

Os seres espaciais são sinais que ajudam a indicar na escrita a pronúncia das palavras e são chamados de *Notações Léxicas*.

Na página 19, *o som muda de gosto*. Essa conexão entre os sentidos é chamada de ***sinestesia***. Nós conectamos os sentidos da audição e do paladar. Por que não? Você nunca ouviu falar que um som é doce? Ou que uma cor pode ser quente? Isso é a visão conectada ao tato...

A centopéia da página 18 tem mão metálica porque é uma criatura da imaginação. A verdadeira centopéia tem patas. Só quem tem mãos são os primatas.

Na página 14, escrevemos que o acento grave *é conhecido como crase*. O acento grave *indica* a crase, que é a contração da preposição "a" com a forma feminina do artigo definido. Esse acento também se une a alguns pronomes.

Para completar a página 20, o hífen ajuda a separar as sílabas e unir alguns pronomes a verbos.

O exemplo do *sabiá* na página 7 é de Celso Ferreira da Cunha (*Gramática da Língua Potuguesa*. 3ª edição, revista e atualizada. RJ. MEC/FENAME. 1976).